PAROLES D'ARTISTE

Victor Vasarely

FAGE éditions

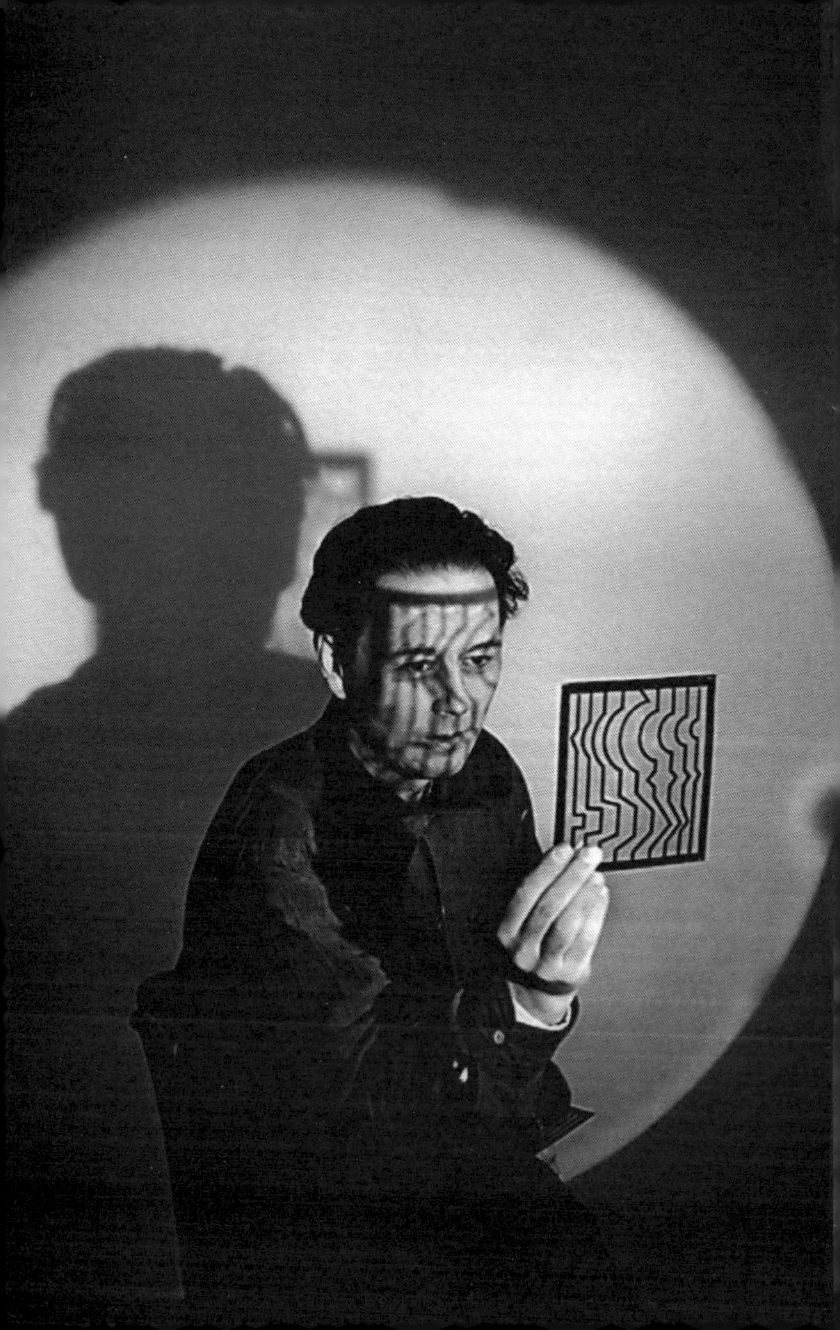

J'ai souvent dit : l'art des privilégiés doit devenir l'art de la communauté. L'important c'est d'avoir résolu techniquement et plastiquement ce changement.

I've often said: the art of a privileged few must become that of the community. The main thing is to resolve this transition, both technically and aesthetically.

Victor Vasarely, *Notes Brutes*, Denoël, Paris, 1972, p. 57.

Victor Vasarely, vers 1955

La société défend l'ordre et l'éthique établis, l'avant-garde vise à les modifier ou les détruire. Ne soyons pas étonnés si cette société ne nous prête pas main-forte en nous reconnaissant, en nous aidant matériellement. Pour elle, cela équivaudrait à un suicide, pour nous, à un triomphe prématuré. Les plus indignés, les plus impatients d'aujourd'hui seront les plus acharnés à se maintenir en place, demain.

Society defends the established order and ethic that the avant-garde wants to change or destroy. We shouldn't be surprised by the fact that society doesn't recognise us or assist us in a material way. For society, this would be tantamount to suicide; for us, an early triumph. Those who are the most indignant and impatient will in time be the most determined to hold onto their gains.

Vasarely (Jean-Louis Ferrier, entretiens avec Victor Vasarely), 1969, p. 139.

Faunes, 1941
Fauns
Encre, gouache et aquarelle sur papier, 42 x 30 cm
Collection particulière

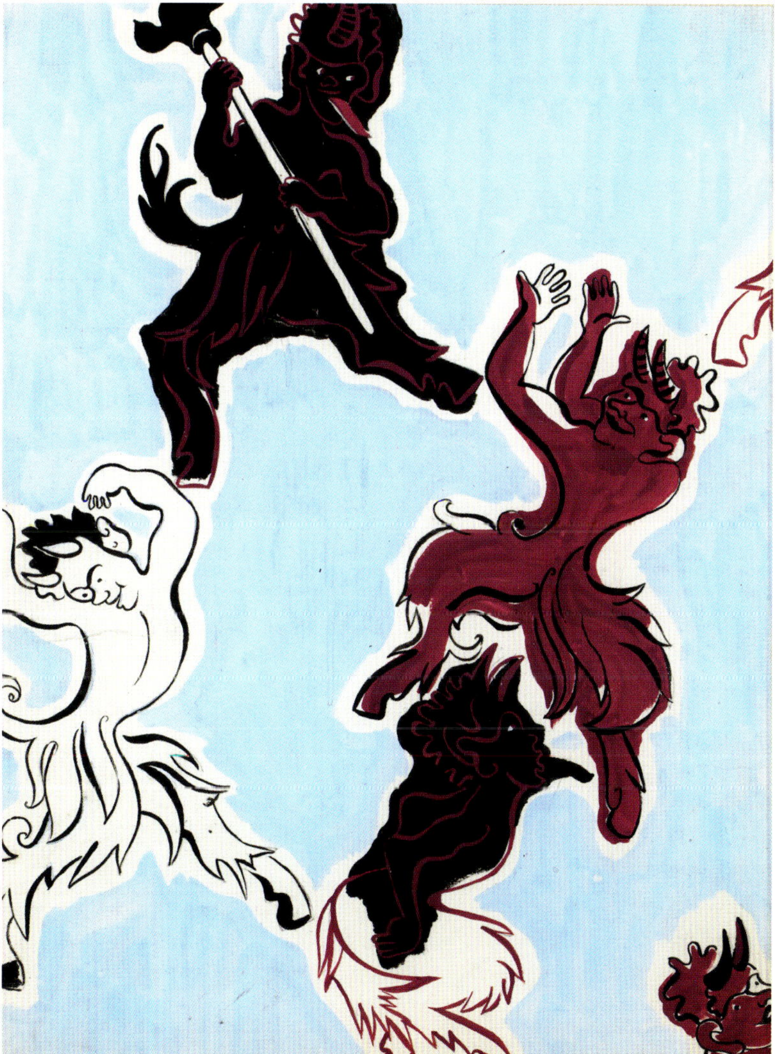
VASARELY-41

Quel homme je peins ? L'homme de la société scientifique, naturellement, qui pour la première fois dans l'Histoire commence à dominer réellement la matière et en partie la vie, au moment où il fait ses premiers pas dans le cosmos et voit quelques-uns de ses rêves les plus fous se réaliser.

The man I paint? A member of a scientific society, who naturally, for the first time in History, begins to exercise real domination over matter, and, to some extent, life, by taking his first steps into the cosmos and seeing some of his craziest dreams come true.

Vasarely (Jean-Louis Ferrier, entretiens avec Victor Vasarely), 1969, p. 128.

Hommes en mouvement, 1943
Men in movement
Gouache sur carton, 117 x 132 cm
Budapest, Musée Vasarely

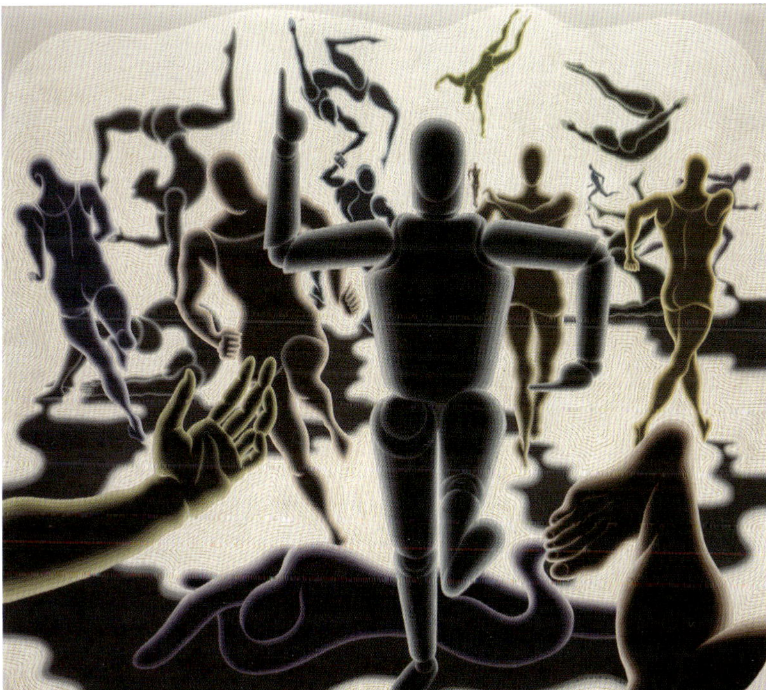

Où l'érudit commence, le créateur cesse...

Where erudition begins, creativity ends...

Victor Vasarely, *Notes Brutes*, 1972, p. 94.

Bougie, 1946
Candle
Huile sur toile, 35 x 27 cm
Collection particulière

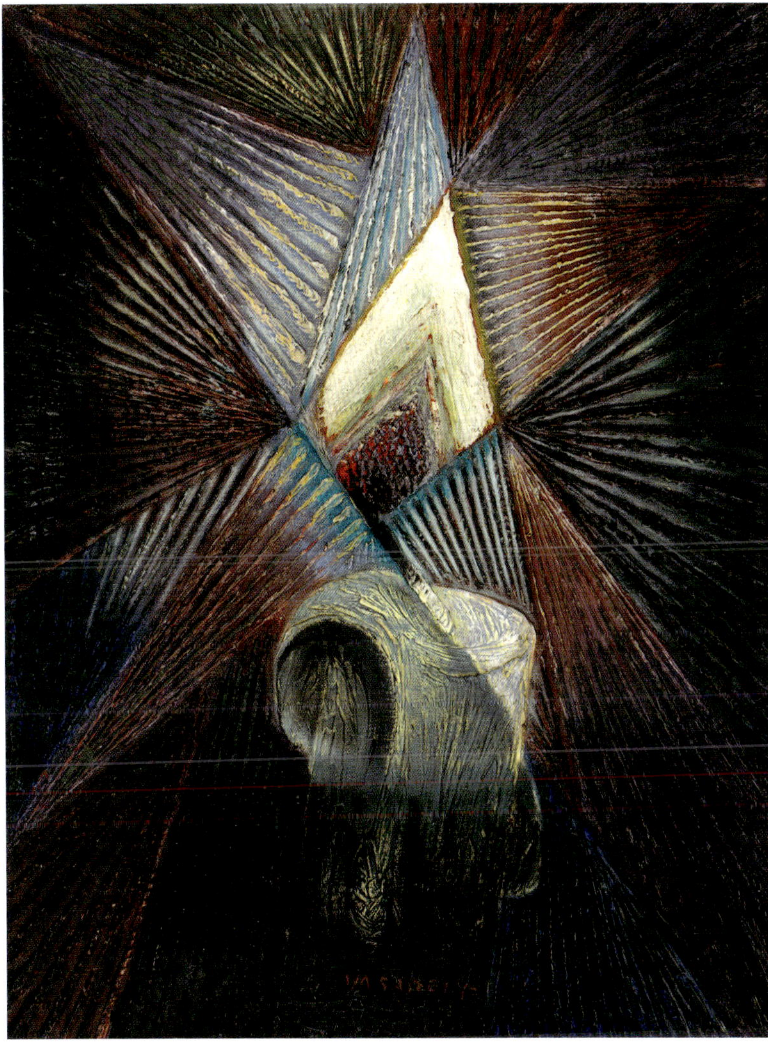

Quitter le plan... Changer de lieu... Sauter dans le vide... Mais par quels moyens ? Par la perspective ? Par les superpositions ? Par le trompe-l'œil ? Nouveaux efforts, vieilles idées... Mais ces astuces, mais ces truquages, mais ces trouvailles comportent peut-être déjà « l'autre chose » qui se cachera pendant longtemps encore... A partir des volutes, des schémas, des tâtonnements et des exercices scolaires à travers des essais innombrables lentement se fait un progrès... décisif, vers la nouvelle chose entrevue.

Leaving flat surfaces behind… Changing place… Leaping into a void… But how? Through perspective? Through superpositions? Through trompe-l'oeil? New efforts, old ideas… These tricks, these ploys, these discoveries may already include "something else" that will long remain hidden… Starting with scrolls, schemas, trials and errors, textbook exercises and assays, progress happens, however slowly… decisive, towards the new thing that's been glimpsed.

Victor Vasarely, *Notes Brutes*, 1972, p. 39.

Composition abstraite - Fausse route, 1947
Abstract composition - Wrong direction
Huile sur toile, 58 x 63 cm
Collection particulière

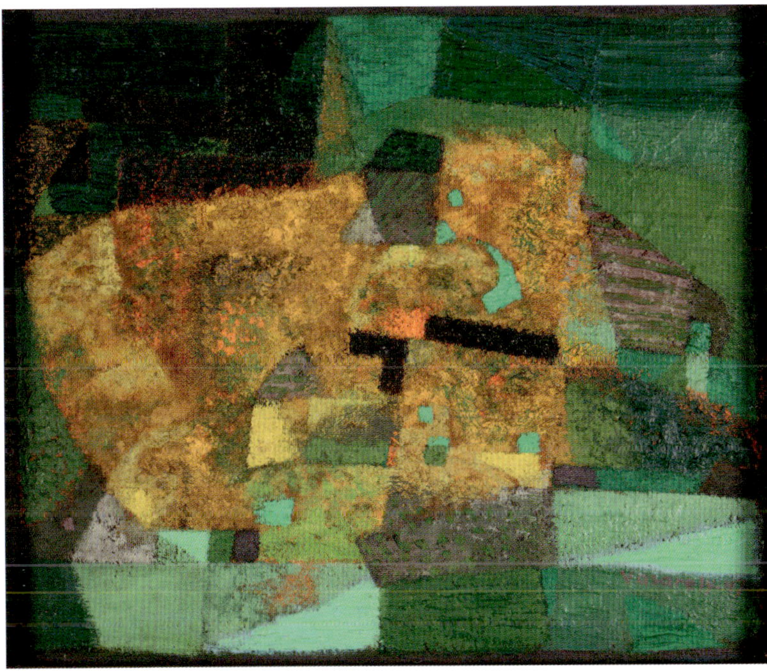

Je choisis deux quantités de formes-couleurs, je détermine leur topographie, leur échelle, leur rapport et je constate que dans un lieu et dans un éclairage donnés, ces quantités deviennent qualités.

I choose two quantities of form-colour. I determine their topography, their scale, their relationship. I observe that in a given place, and in a given type of lighting, these quantities become qualities.

Vasarely (Jean-Louis Ferrier, entretiens avec Victor Vasarely), 1969, p. 152.

Falaise Belle-Isle, 1947
Cliff Belle Isle
Huile sur toile, 74 x 60 cm
Budapest, Musée Vasarely

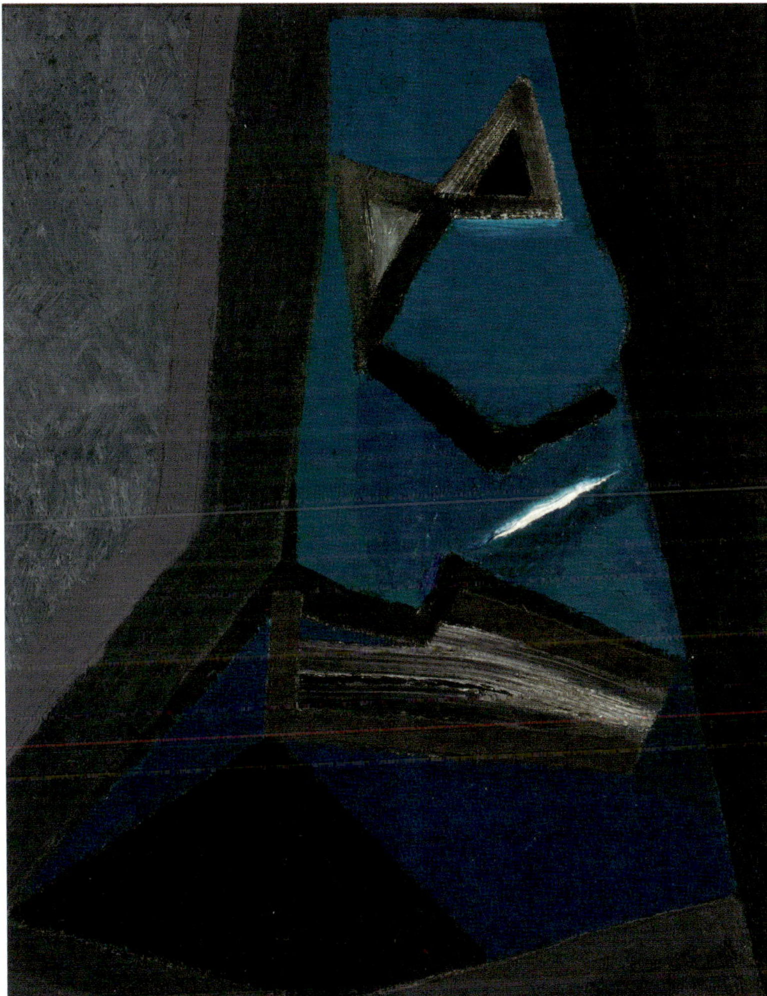

C'est à force de m'être demandé inlassablement en œuvrant : « A quel niveau le banal se mue en poétique, où se situe le passage de la forme-couleur ordinaire en miracle plastique ? » que je crois avoir trouvé le minimum qui dit tout encore.

The fact that while working I'm continually asked, "At what level does banality turn into poetry? Where does ordinary form-colour turn into an aesthetic miracle?", is what makes me think I've found the minimum which nonetheless says everything.

Vasarely (Jean-Louis Ferrier, entretiens avec Victor Vasarely), 1969, p. 152.

Indore, 1952
Huile sur contreplaqué, 37 x 34 cm
Pécs, Musée Vasarely

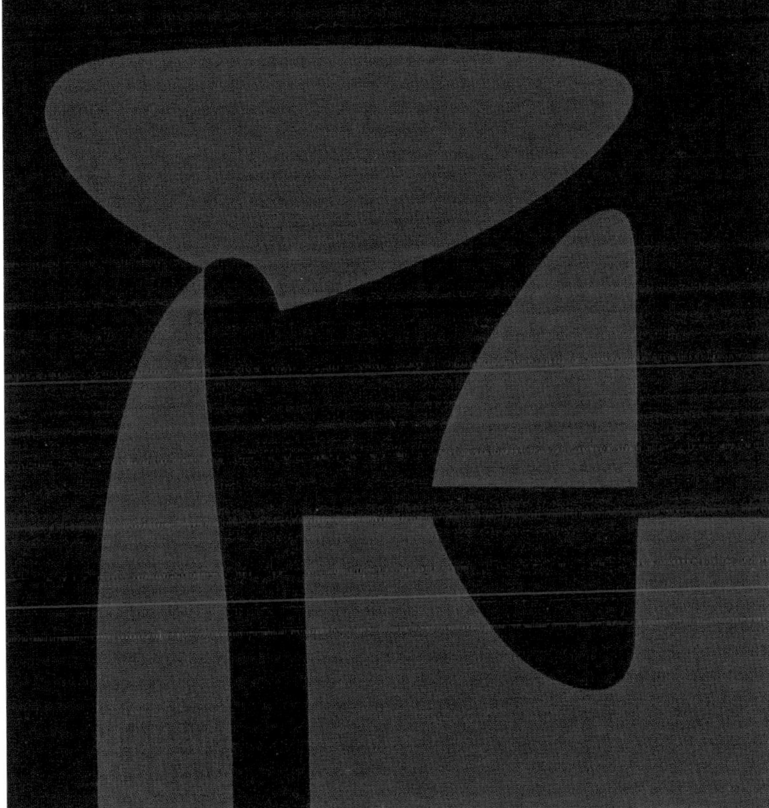

Les controverses « figuratif-abstrait », « art majeur », « art mineur » sont fausses. Tout art figure et toute œuvre vraie est majeure.

The controversies represented by "figurative-abstract", "major art" and "minor art" are spurious. All art makes figures, and all true art is major.

Victor Vasarely, *Notes Brutes*, 1972, p. 25.

Zilah- A 1, 1953
Huile sur carton, 42 x 34 cm
Pécs, Musée Vasarely

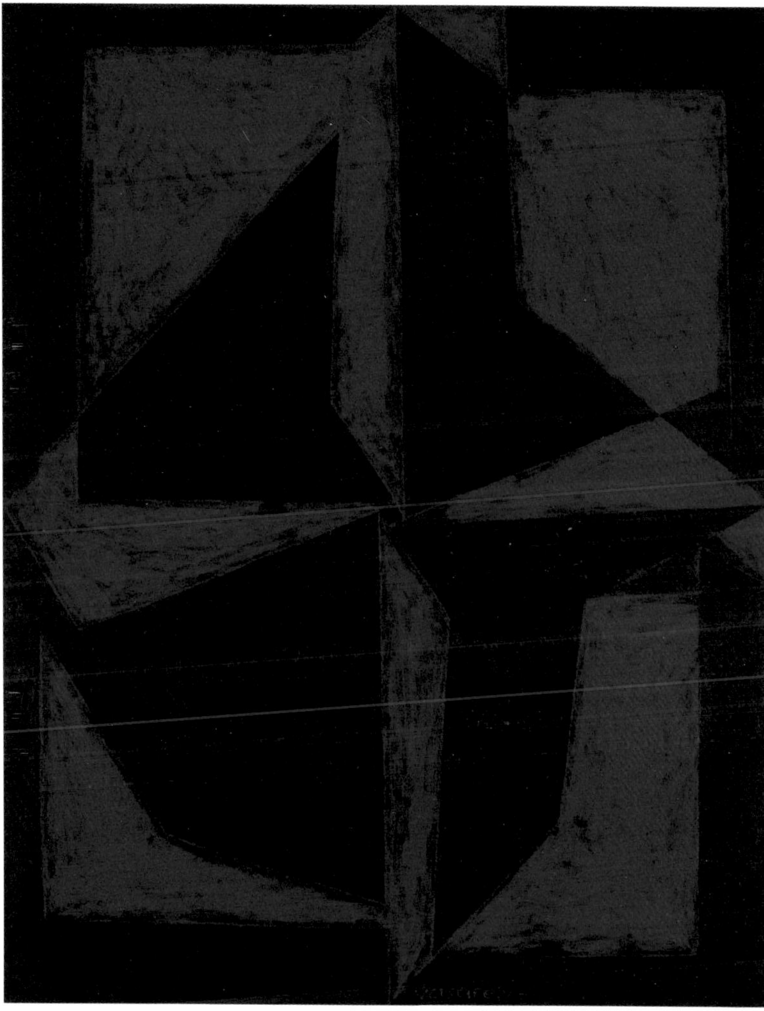

On part toujours d'un élément de la géométrie plane, d'un carré, par exemple ; on dresse sur les quatre coins du carré quatre obliques parallèles. Ainsi on arrive à dessiner des volumes qui, tout en donnant l'illusion d'être des volumes se distinguent de ceux de la perspective traditionnelle en ceci, qu'aucune déformation n'intervient ni au niveau du carré de base, ni à celui du second carré superposé. La perspective axonométrique a été décisive dans l'élaboration de mon propre travail.

I start out with an element of flat geometry. A square, for example. I put parallel oblique lines at the four corners of the square. I create the illusion of volumes, which can be distinguished from traditional perspective in that no deformation occurs, either in the basic square or in the second, superimposed square. Axonometric perspective is crucial to my work.

Vasarely (Jean-Louis Ferrier, entretiens avec Victor Vasarely), 1969, p. 35.

Yapoura, 1951-56
Tempera sur carton, 38 x 36 cm
Pécs, Musée Vasarely

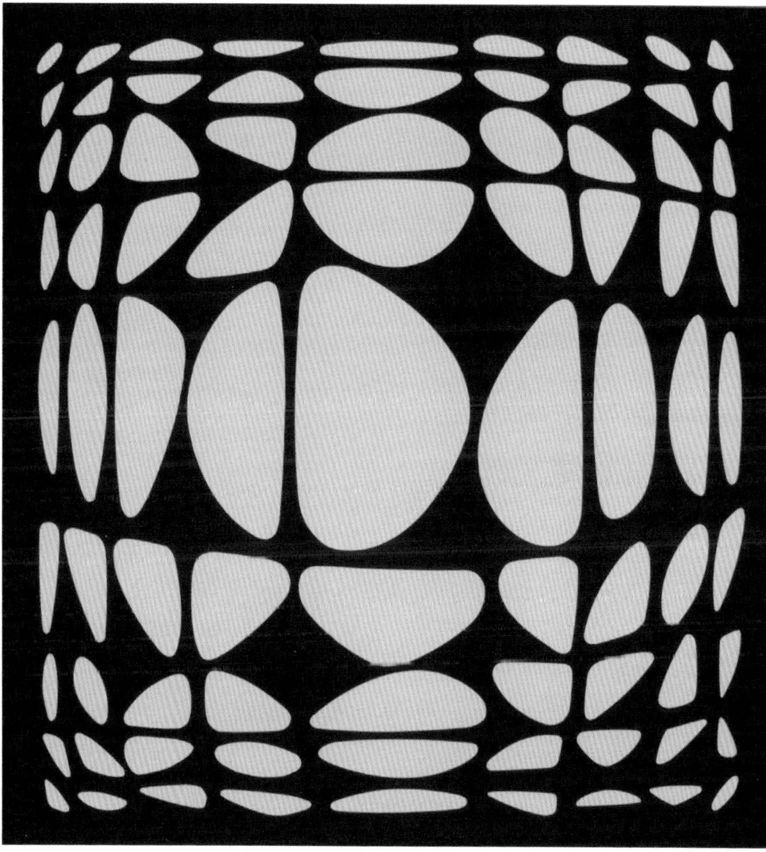

Loi physique : toutes les couleurs ensemble = blanc (lumière), toutes les anti-couleurs ensemble = noir (ombre.) Par conséquent, une œuvre « noir-blanc » est la plus colorée, la plus dense et la plus différente de la nature environnante, elle-même multicolore.

Physical law: all colours together = white (light); all anti-colours together = black (shadow). So a "black-white" work is the most colourful, the most dense, the most different from surrounding nature, itself multicoloured.

Victor Vasarely, *Notes Brutes*, 1972, p. 48.

Tilla, 1958
Tempera sur bois, 195 x 130 cm
Collection particulière

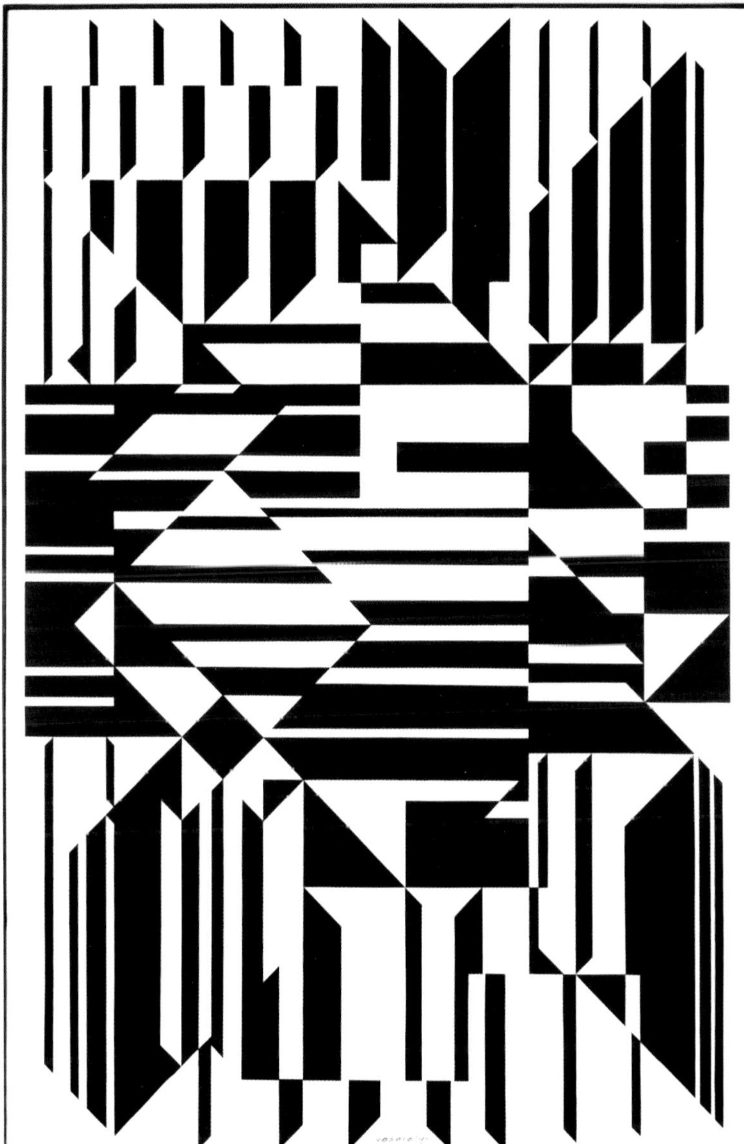
vasarely

L'incompréhension qui accueille toute tentative sortant des ornières est un phénomène général. Elle se manifeste d'emblée par le refus ou le scepticisme, voire l'ironie, le sourire ou bien par l'affirmation que tout cela existe déjà.

The incomprehension that greets any attempt to get out of a rut is universal. It comes across, to begin with, as rejection or scepticism, irony, a smile, or a declaration that it's all there already.

Victor Vasarely, *Notes Brutes*, 1972, p. 173.

Ondho, 1959-60
Acrylique sur bois,153 x 122 cm
Collection particulière

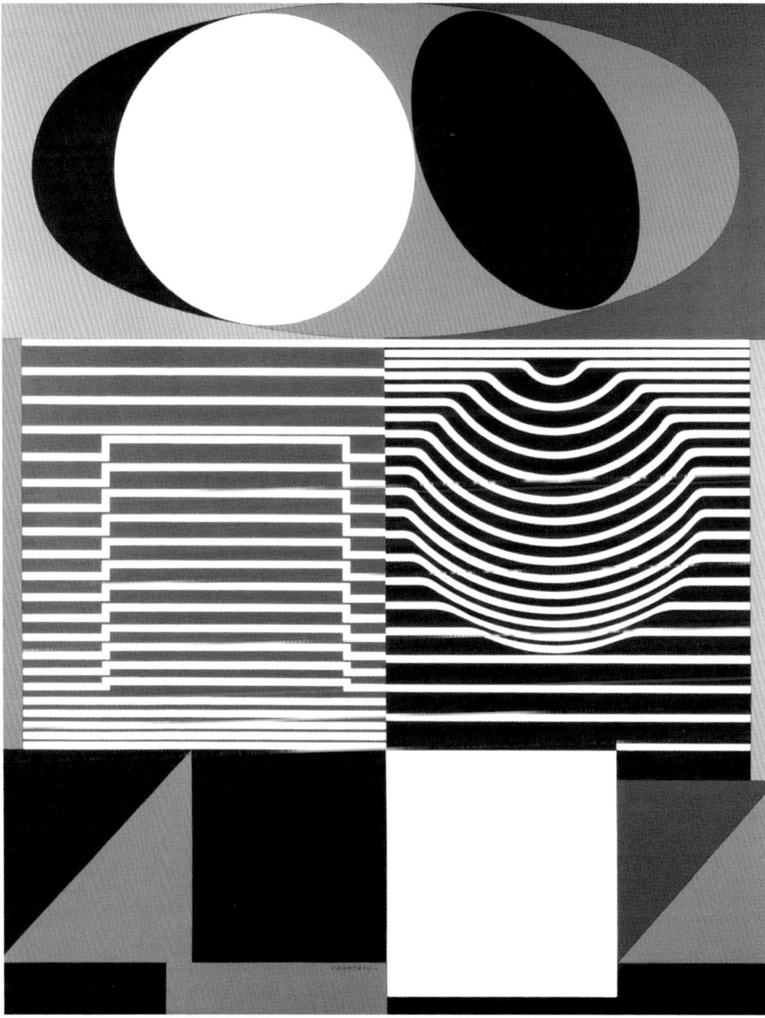

Peut-on jamais faire plus beau et plus vrai en plastique plane qu'un certain carré noir dans un certain espace blanc – ou l'inverse ? Mais à ce point, aux confins du rationnel, nous glissons imperceptiblement de l'enchantement à l'ennui.

On a flat surface, can anything be more beautiful or true than a black square in a white space? Or the contrary? But at this point, at the outer edge of rationality, we slide imperceptibly from enchantment into boredom.

Vasarely (Jean-Louis Ferrier, entretiens avec Victor Vasarely), 1969, p. 153.

Tlinko-F, 1962
Acrylique sur toile, 145 x 145 cm
Budapest, Musée Vasarely

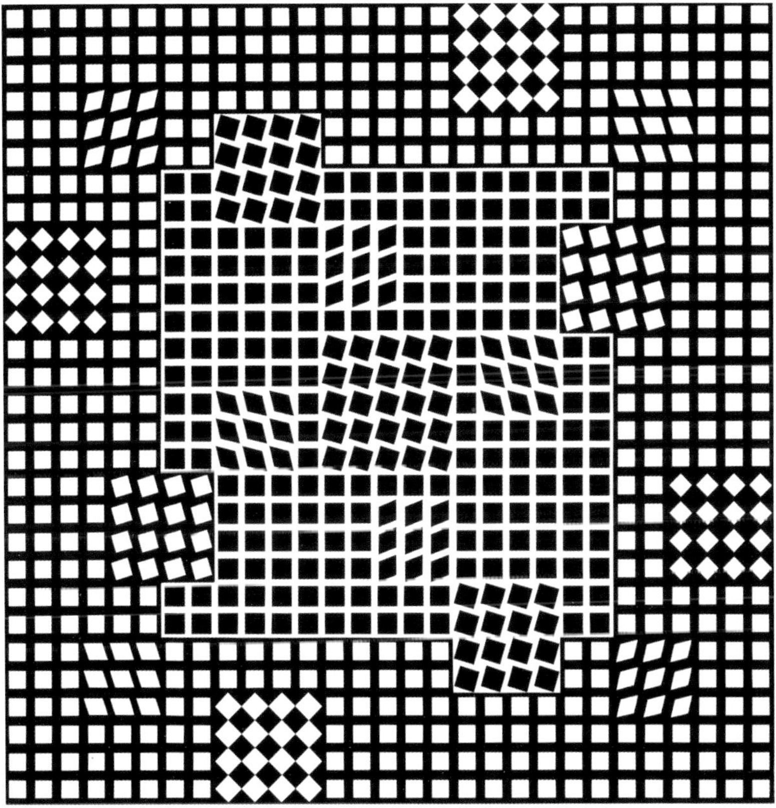

Lorsque je me promène dans la nature, je rencontre à chaque instant des Corot, des Renoir, des Monet. [...] Lorsque je rencontre un Mondrian, un Malevitch ou un Herbin, j'ai l'impression de me trouver en face d'une création humaine, d'un autre ordre que la Nature. Ceux-ci sont indestructibles, tandis que les autres se dissolvent dans le milieu et dans le temps.

When I walk through nature, I constantly see works by Corot, Renoir, Monet. [...] When I see a Mondrian, a Malevich or a Herbin, I get a sense of looking at human creativity, in an order different from that of Nature. They're indestructible, whereas the others melt into space and time.

Victor Vasarely, *Notes Brutes*, 1972, p. 40.

Marsan-2, 1962
Acrylique sur toile, 195 x 114 cm
Budapest, Musée Vasarely

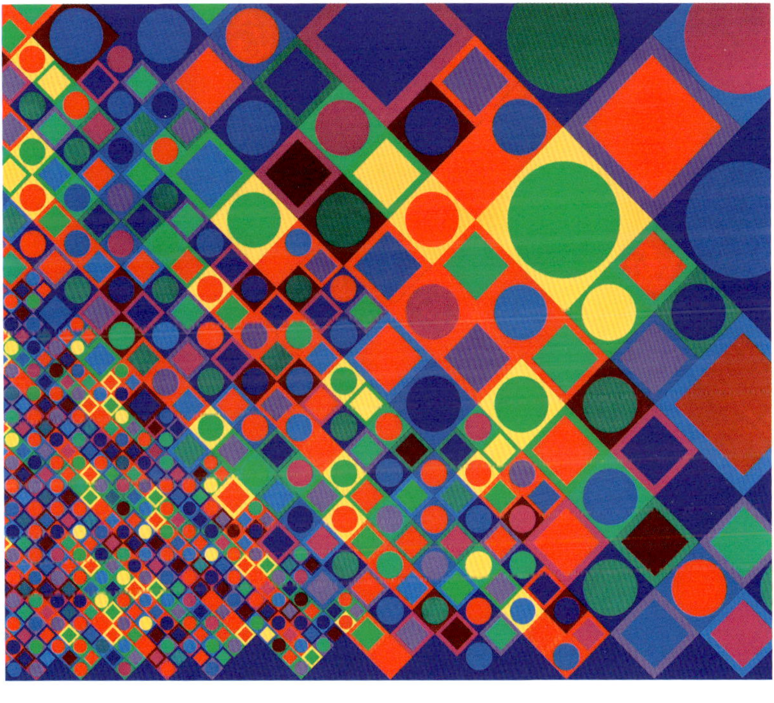

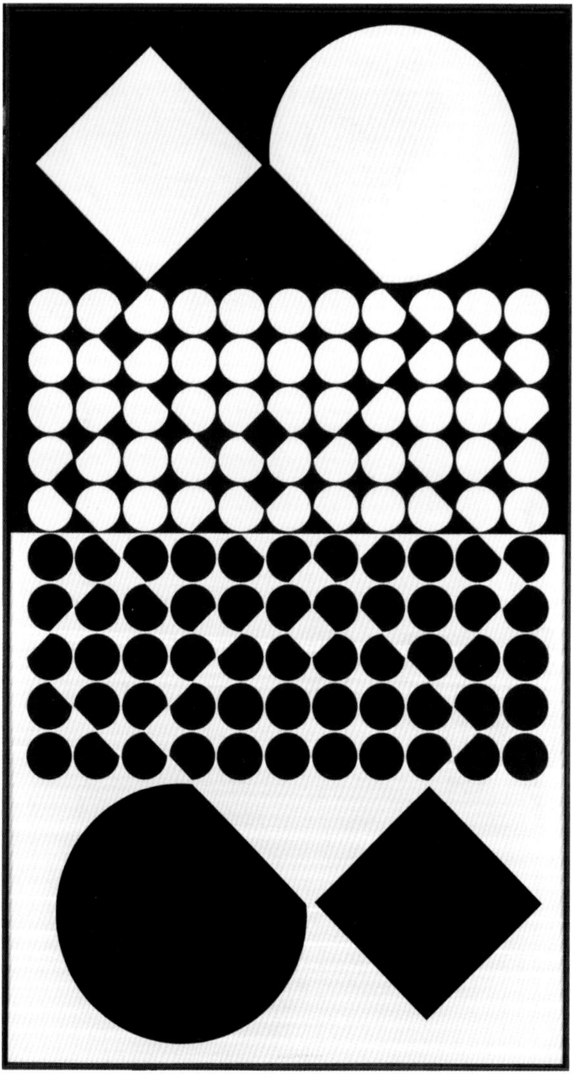

R-Peey, 1957-62
Tempera et reliefs sur panneau, 149 x 82 cm
Collection particulière

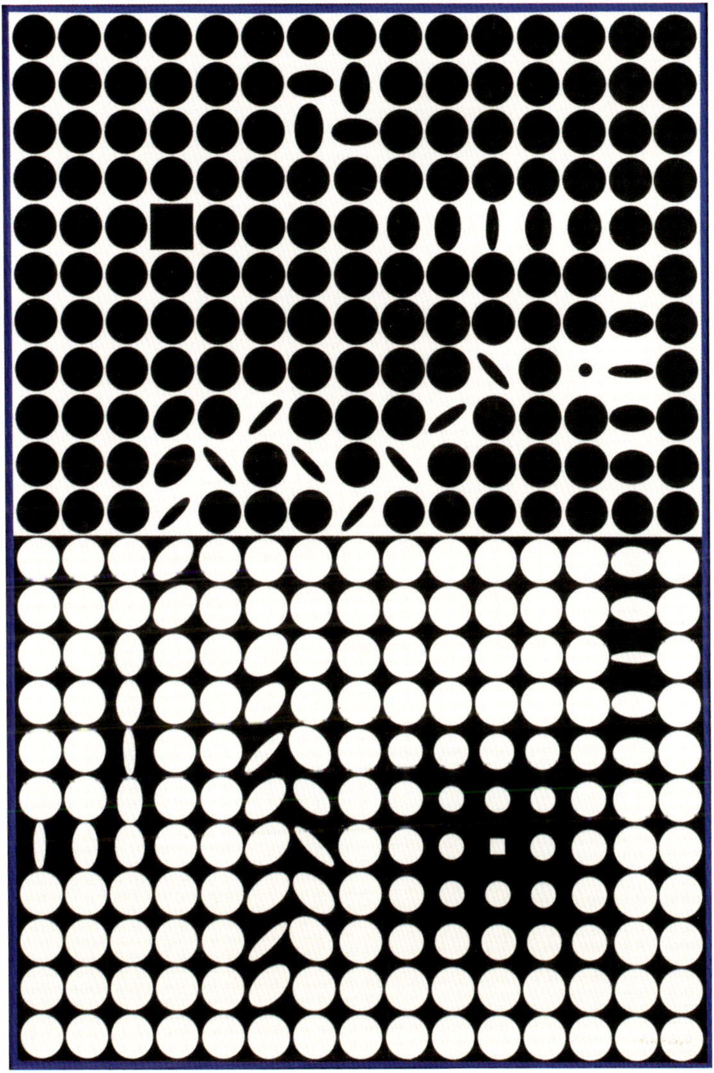

Bettel, 1963
Tempera sur panneau, 89 x 61 cm
Collection particulière

La bi-dimension est un espace magique infini dans un volume réel, infime. Les supra-dimensions : forme-couleur, plasticité, lumière, mouvement-temps, naissent dans le plan bi-dimensionnel pour envahir en progression diffusée, feuilles, murs et écrans. Donnons à voir pour que l'homme vive réellement.

Two-dimensionality is a magical, infinite space in a real, infinitesimal volume. Supra-dimensions – form-colour, plasticity, light and movement-time – appear on a two-dimensional plane, and gradually spread to paper, walls and screens. Let's see how people can really live.

Victor Vasarely, *Notes Brutes*, 1972, p. 55.

Orion MC, 1963
Acrylique sur bois, 128 x 122 cm
Collection particulière

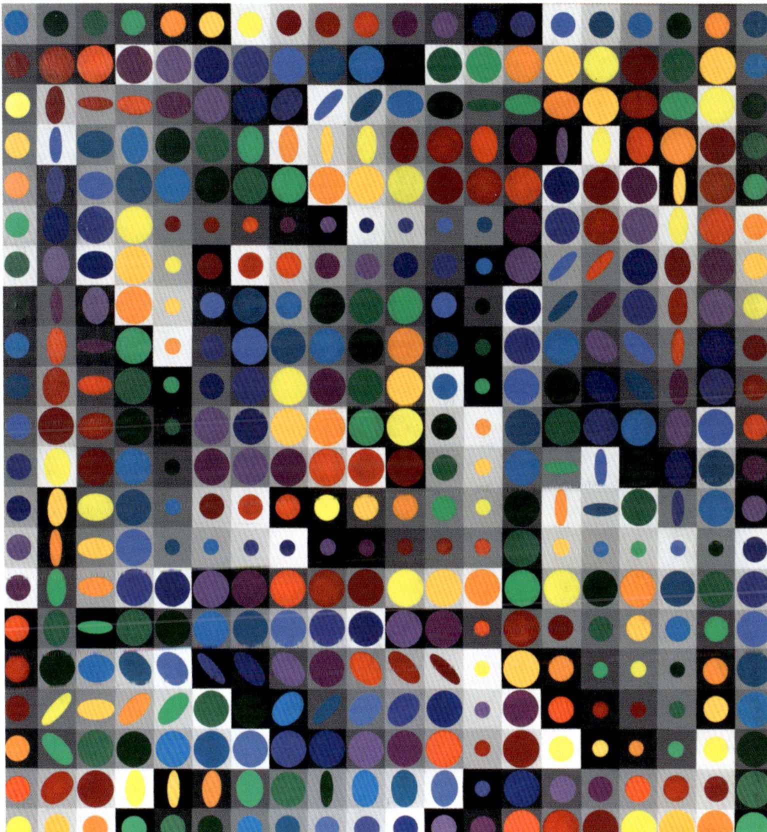

J'ai perdu à tout jamais les raffinements capricieux de la peinture, j'ai perdu peut-être l'estime d'une élite de connaisseurs immobile et minoritaire, mais j'ai gagné la plasticité pure de la forme-couleur et, à coup sûr, l'adhésion enthousiaste de la masse des jeunes. J'ai perdu le passé, mais j'ai gagné l'avenir !

I've definitively given up the capricious refinements of painting. I may have lost the esteem of an immobile, minor elite, but I've gained the pure aesthetics of form-colour, and the enthusiastic support of young people. I've lost the past, but I've gained the future!

Vasarely (Jean-Louis Ferrier, entretiens avec Victor Vasarely), 1969, p. 105.

Hold, 1965
Tempera sur papier, 19 x 19 cm
Pécs, Musée Vasarely

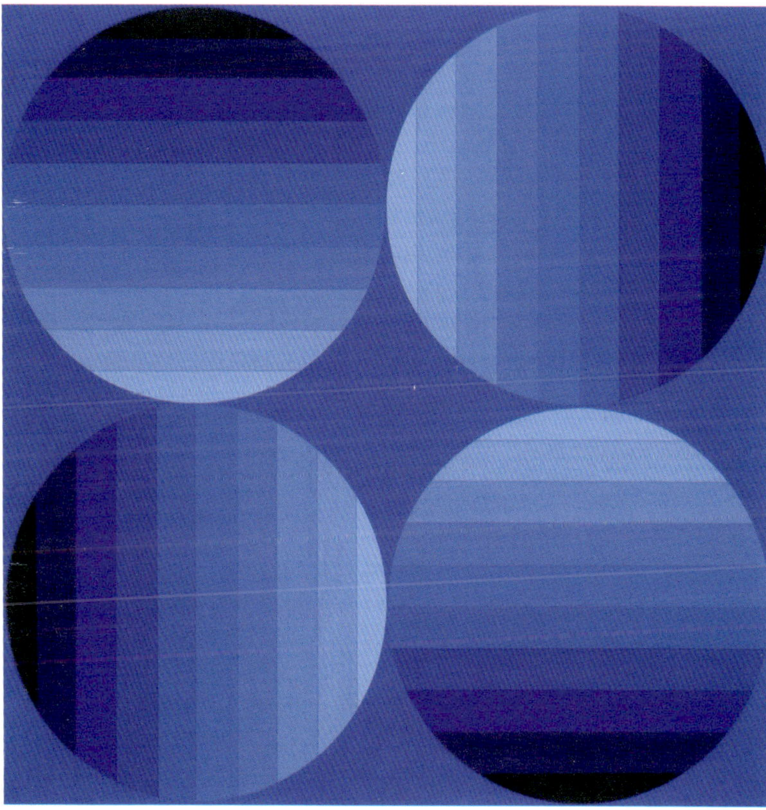

L'art du passé puisait dans une nature plus restreinte à la portée immédiate de nos sens, mais les sciences nous ont révélé une nature infiniment plus vaste... Nous sommes projetés dans des structures inconnues. Hors de l'échelle humaine, entre atomes et nébuleuses, l'âme humaine n'est qu'un faisceau d'ondes de même nature... Notre vision égocentrique doit évoluer vers une conscience totale, communautaire... De contemplateurs statiques nous sommes mués en participants dynamiques...

The art of the past drew on a more restricted view of nature, immediately accessible to our senses. But science has shown us that nature's infinitely more vast… We're projected into unknown structures. Outside the human scale, between atoms and nebulae, the soul's just a beam of homogeneous waves… Our egocentric vision must develop in the direction of total community consciousness… We're no longer static contemplators, but dynamic participants…

Victor Vasarely, *Notes Brutes*, 1972, p. 117.

Quassar-Dia-2, 1965
Tempera sur papier, 45 x 45 cm
Pécs, Musée Vasarely

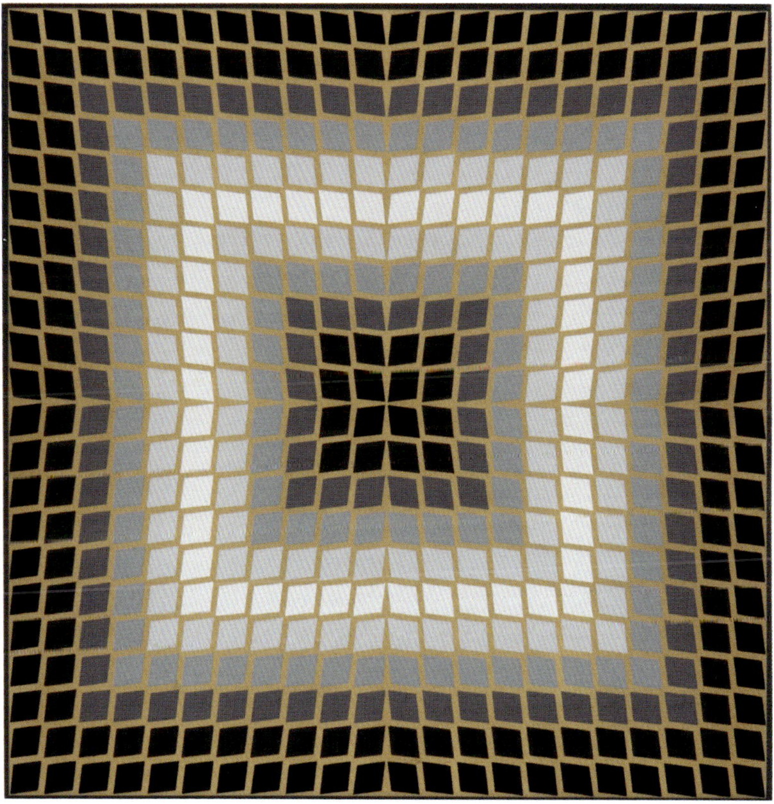

Personnellement, ce qui m'a passionné dans la Gestalt, c'est ce qui a rapport à l'alternance des formes et des fonds qui marque la limite précise où l'œil se trouve tout à coup incapable physiologiquement de décider entre deux ou plusieurs hypothèses perceptives.

What interests me in the Gestalt is the alternation of forms and substances that marks the precise boundary where the eye suddenly finds itself physiologically incapable of choosing between two or more perceptual hypotheses.

Vasarely (Jean-Louis Ferrier, entretiens avec Victor Vasarely), 1969, p. 41.

Paar, 1966
Tempera sur panneau, 120 x 60 cm
Collection particulière

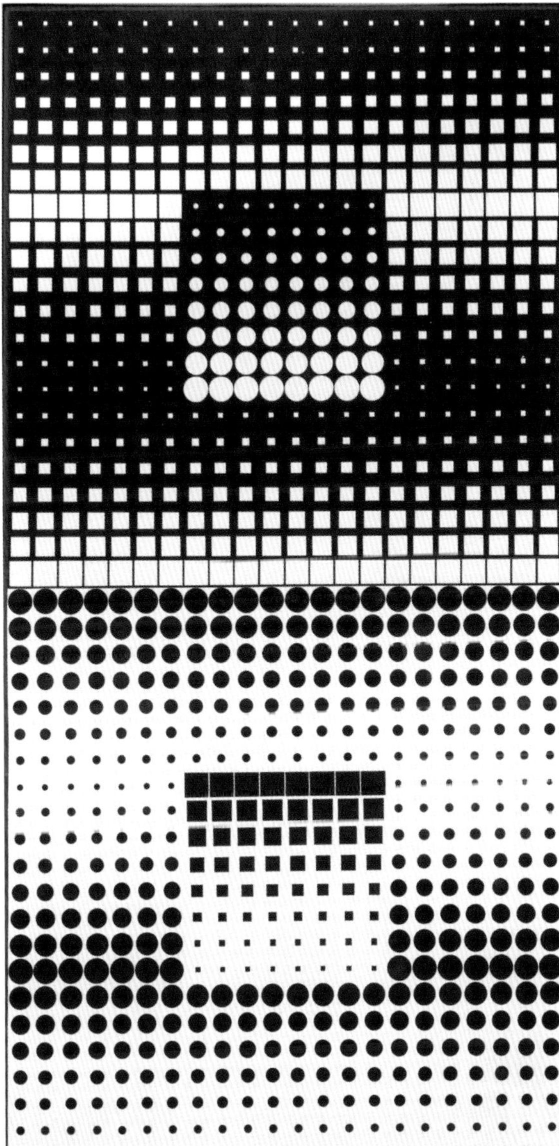

Au lieu d'aboutir au néant, je réussissais à introduire dans la peinture des notions nouvelles : le mouvement et l'espace-temps puisque le temps devenait nécessaire au surgissement des variations perceptives qui s'ajoutaient à la structure propre du tableau, inépuisablement.

Rather than ending up in nothingness, I found that I could infuse painting with new notions: space-time and movement. Time became necessary to the perceptual variations that constantly accreted to the structure of the painting.

Vasarely (Jean-Louis Ferrier, entretiens avec Victor Vasarely), 1969, p. 44.

Vega Arl, 1968
Tempera sur papier, 37 x 36 cm
Pécs, Musée Vasarely

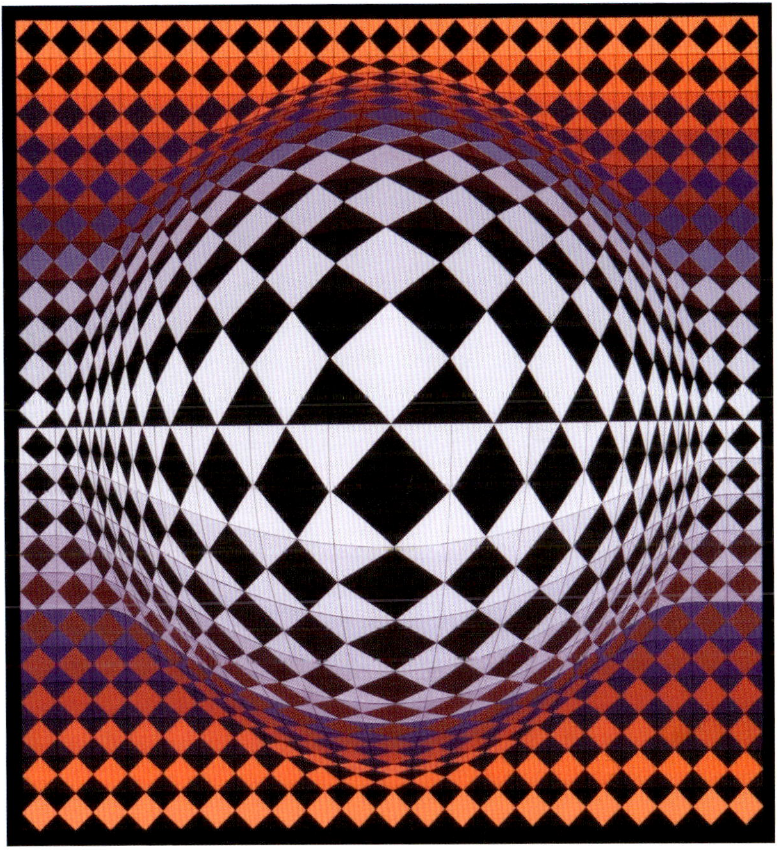

Diffusion classique des originaux par le truchement des galeries et des musées. Diffusion dite « démocratique » des multiples par le truchement des galeries, des éditeurs, des supermarchés. Diffusion informatique de l'idée plastique contemporaine par le truchement des diapositives, des films, de la télévision. Diffusion de la beauté plastique par l'intégration dans l'architecture, sous deux aspects : 1. polychromie du solide urbain-rural par la forme-couleur durable pour le jour ; 2. polychromie de la campagne et de la cité par la couleur-lumière éphémère pour la nuit.

The classical distribution of originals by galleries and museums. This supposedly "democratic" way in which multiples can be distributed by galleries, publishers or supermarkets. The propagation of contemporary aesthetic ideas as transparencies, films and television. The propagation of aesthetic beauty by integration into architecture, in one of two ways: 1. polychromy of urban-rural solidity by durable form-colour for daytime; 2. polychromy in the countryside and the city by ephemeral colour-light for night-time.

Victor Vasarely, *Notes Brutes*, 1972, p. 59.

Ympo, 1970
Acrylique sur toile, 253 x 170 cm
Budapest, Musée Vasarely

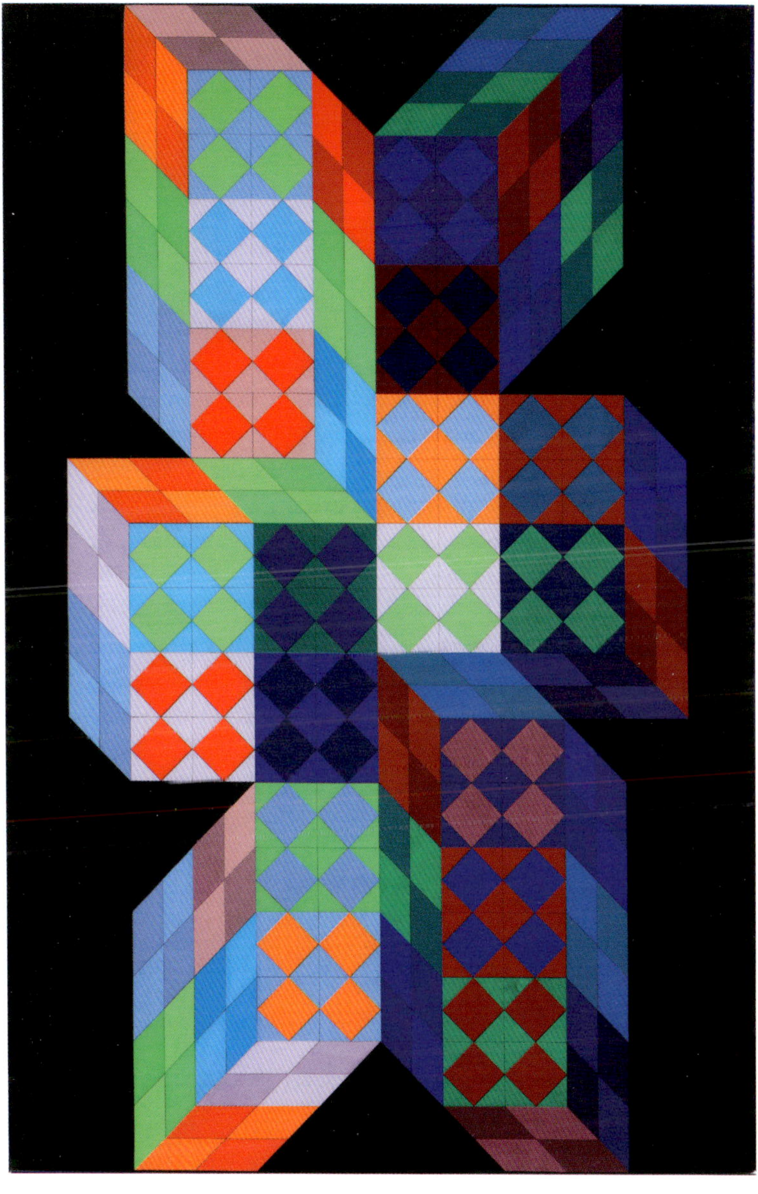

En somme, mes unités plastiques, mes ronds, mes carrés, mes losanges multicolores, sont des étoiles, des atomes, des cellules, des molécules, mais aussi des grains de sable fins, des cailloux, des feuillages, des fleurs. Je suis beaucoup plus près de la nature que le peintre qui exécute un paysage, car je suis dedans, je la rejoins au niveau de son organisation, de l'agencement de ses éléments.

In sum, my aesthetic units – discs, squares, multicoloured diamonds – are stars, atoms, cells and molecules, but also grains of sand, stones, foliage, flowers. I'm closer to nature than the painter who does landscapes, because I'm right inside it. I can see how it's organised, and how its elements are arranged.

Vasarely (Jean-Louis Ferrier, entretiens avec Victor Vasarely), 1969, p. 100.

Cheyt-Pyr, 1970-71
Acrylique sur toile, 197 x 195 cm
Pécs, Musée Vasarely

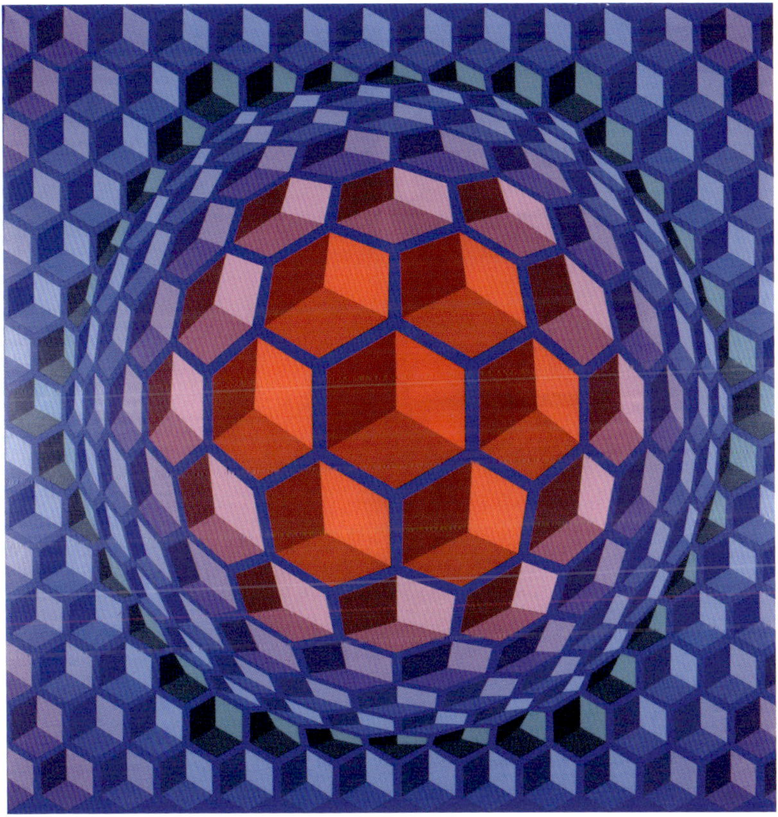

Il faut faire une peinture dans laquelle le Magicien Temps ne puisse rien ajouter, ni rien enlever. La patine est une tricherie, elle fausse l'œuvre. Il faut noter les caractéristiques des circonstances dans lesquelles l'œuvre fut créée (lumière, lieu, distance, technique, couleurs, etc.). […] Seule l'œuvre neuve ou identiquement recréable est vraie. Le Musée, le Monument du passé, ne sont pas l'art mais seulement l'histoire de celui-ci.

There needs to be painting that can neither be added to nor taken away from by Magician Time. The patina's a deception; it falsifies the work. There are the characteristics of the circumstances in which the work was created: light, place, distance, technique, colours, etc. […] Only a new work, or one that's identically re-creatable, is true. Museums and Monuments of the Past aren't art, just its history.

Victor Vasarely, *Notes Brutes*, 1972, p. 77.

Tettye-RG, 1972
Acrylique sur panneau, 100 x 100 cm
Collection particulière

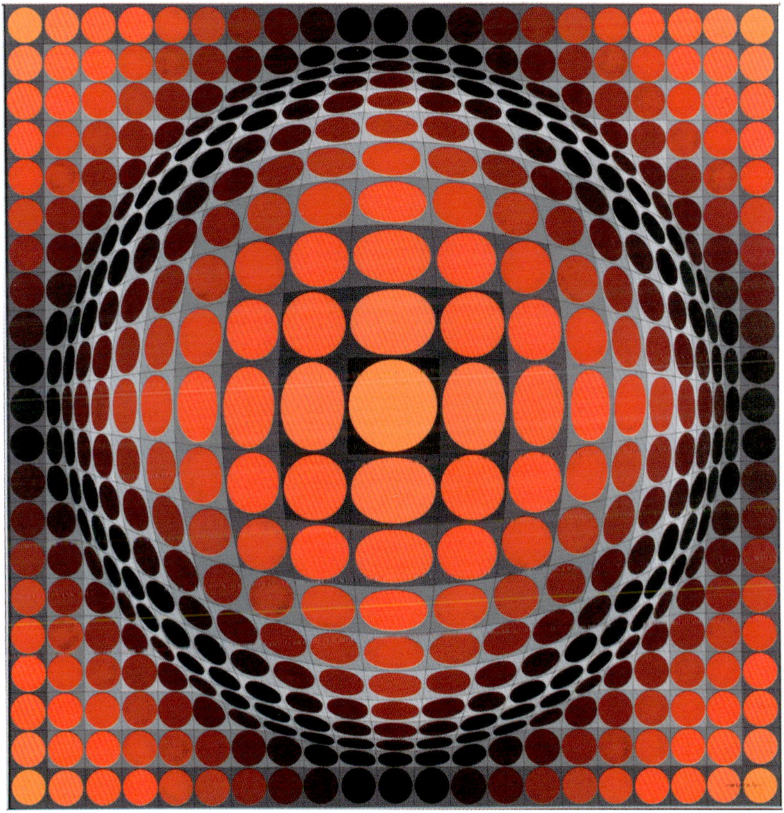

Le chef-d'œuvre n'est plus concentration de toutes les qualités en UN objet final, mais création d'un PROTOTYPE-DEPART, comportant des qualités spécifiques, transmissibles en diverses fonctions ou en re-créations quantitatives.

A masterpiece isn't a condensation of every quality into ONE final object, but the creation of a STARTING-PROTOTYPE, comprising specific, transmissible qualities in a diversity of functions, or quantitative re-creations.

Victor Vasarely, *Notes Brutes*, 1972, p. 73.

Koska-Rev, 1972
Acrylique sur toile, 100 x 100 cm
Collection particulière

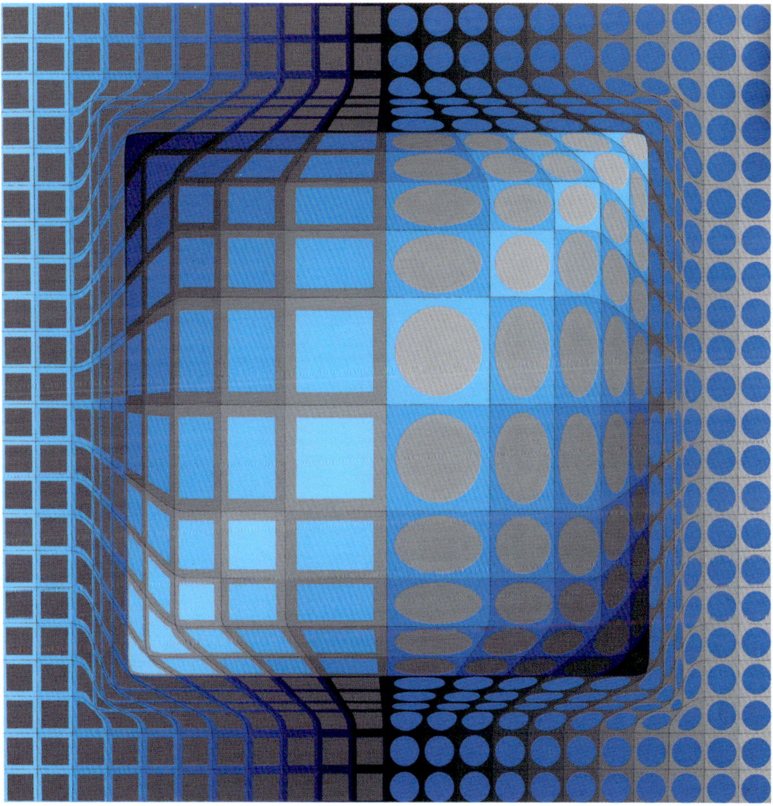

Mon apport, qu'il soit insignifiant, moyen ou important, ne comptera qu'ajouté à l'apport des autres hommes, car l'ensemble des inventeurs-créateurs et des organisateurs-travailleurs finira bien par améliorer lentement mais inexorablement la condition humaine.

My contribution, whether it be insignificant, normal or important, will count only if added to that of others. Inventors-creators and organiser-workers, taken together, will slowly but surely improve the human condition.

Vasarely (Jean-Louis Ferrier, entretiens avec Victor Vasarely), 1969, p. 135.

Boglar Vert, 1965-74
Collage, 55 x 58 cm
Budapest, Musée Vasarely

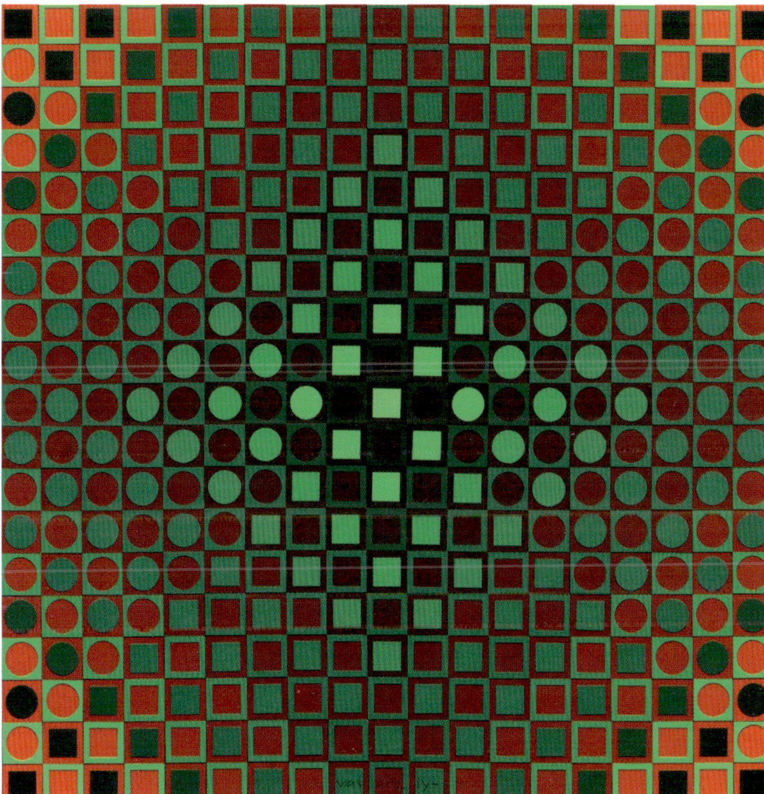

Puisque nos gènes nous rendent dissemblables mais point inégaux, je vous le demande, de quel droit l'élite bourgeoise a-t-elle évincé le peuple de la jouissance des arts. Le leitmotiv était et est encore, « ils ne comprennent pas. »

Since our genes make us different, but not unequal, tell me: what right has a bourgeois elite to deprive the people of their ability to appreciate art? The leitmotif was, and is: "They don't understand."

Vasarely (Jean-Louis Ferrier, entretiens avec Victor Vasarely), 1969, p. 129.

Bull, 1974
Acrylique sur toile, 175 x 175 cm
Budapest, Musée Vasarely

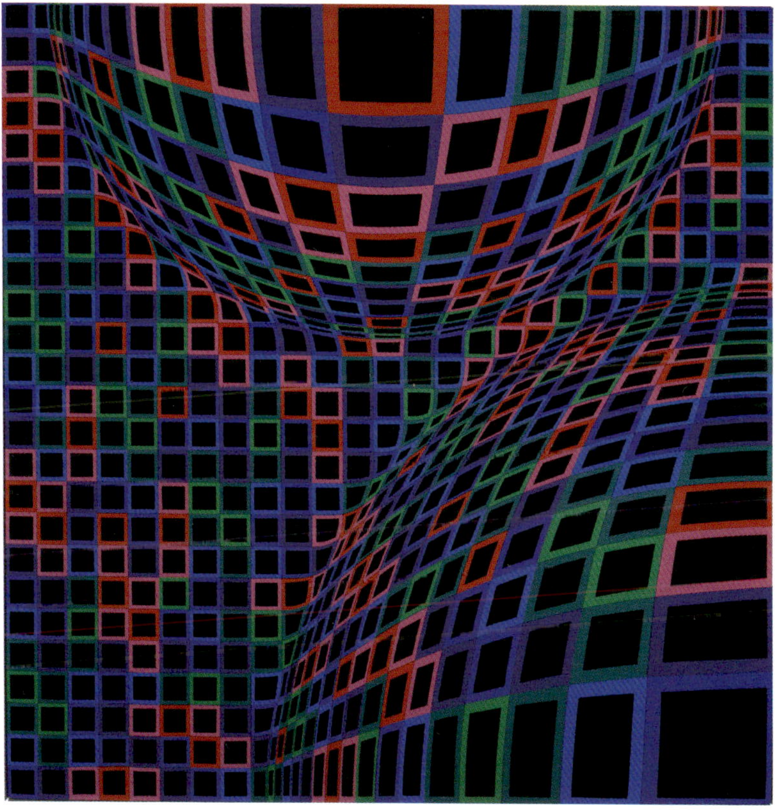

Il n'y a pas de critérium dans l'immédiat non plus pour déterminer qui est un artiste. Est-ce celui qui fait des choses extravagantes ou celui qui reste dans la tradition ? Est-ce celui qui expose partout et que l'on cite dans la presse ? Est-ce celui qui a le plus de disciples, ou celui qui élabore une œuvre en secret ? Est-ce enfin celui qui ne vend jamais, ou bien celui qui vend à tour de bras ? Toutes ces raisons pour ou contre n'excluent ni ne confirment l'authenticité.

There's no criterion in present time for determining who's an artist. Is it someone who rejects tradition, or someone who remains within it? Is it someone who exhibits around the world, and gets lionised by the press? Is it the individual who has the most acolytes, or the one who labours in secret? In the end, is it the one who never sells anything, or the one whose work people fight to acquire? The pros and cons neither confirm nor exclude authenticity.

Vasarely (Jean-Louis Ferrier, entretiens avec Victor Vasarely), 1969, p. 142.

Vega-okta, 1972-74
Acrylique sur toile, 142 x 142 cm
Collection particulière

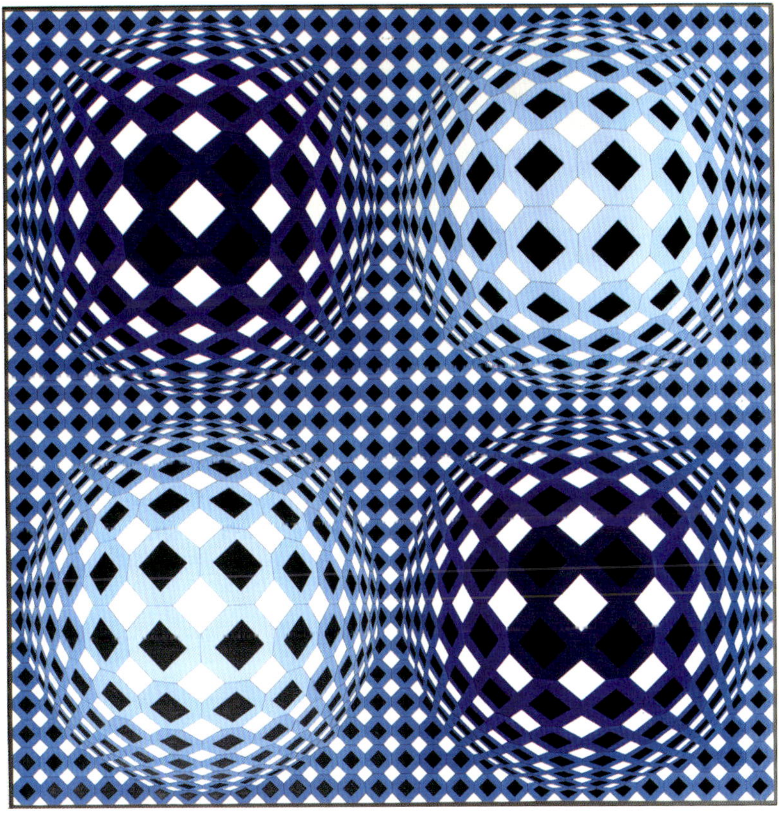

Je veux le dépassement de la pièce unique en faveur des « multiples » à destination sociale, or je vends aux collectionneurs et aux musées. Est-ce duplicité ? Je ne me suis jamais incliné devant la puissance de l'argent, mais je laisse celle-ci s'incliner devant mon œuvre.

I want to abandon "unique" works in favour of "multiples" with a social purpose. But I sell to collectors and museums. Is this a form of duplicity? I've never bowed to the power of money, but I let money bow to my work.

Vasarely (Jean-Louis Ferrier, entretiens avec Victor Vasarely), 1969, p. 135.

Procion-MC, 1974-75
Acrylique sur toile, 251 x 131 cm
Budapest, Musée Vasarely

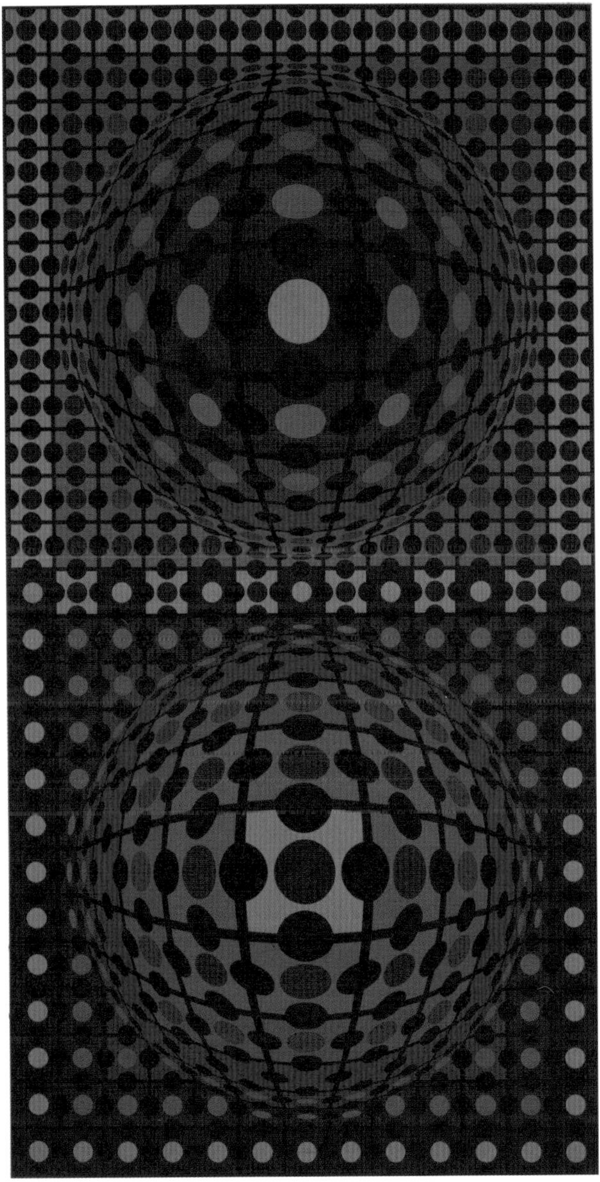

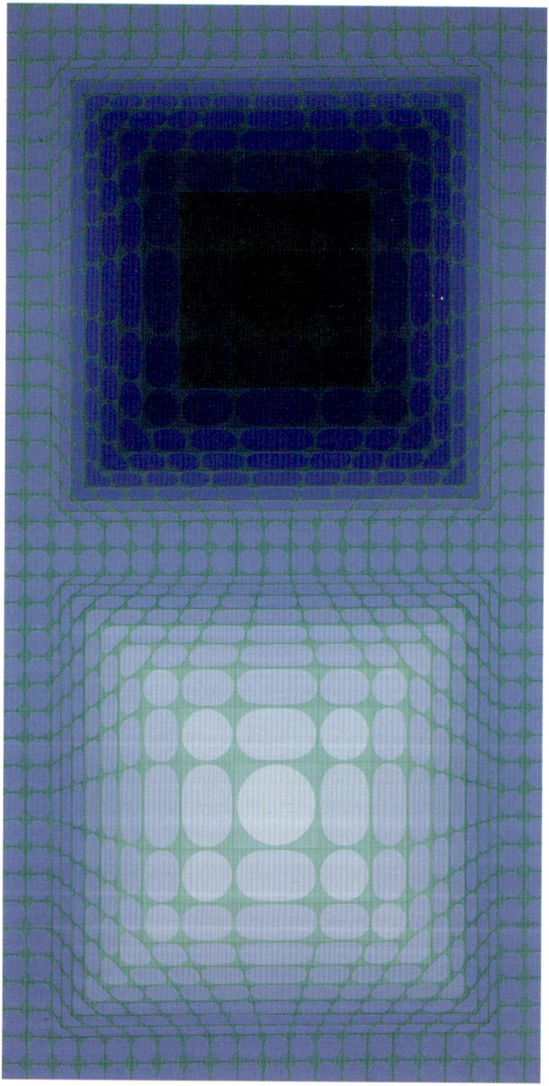

Woo, 1972-75
Acrylique sur toile, 200 x 105 cm
Budapest, Musée Vasarely

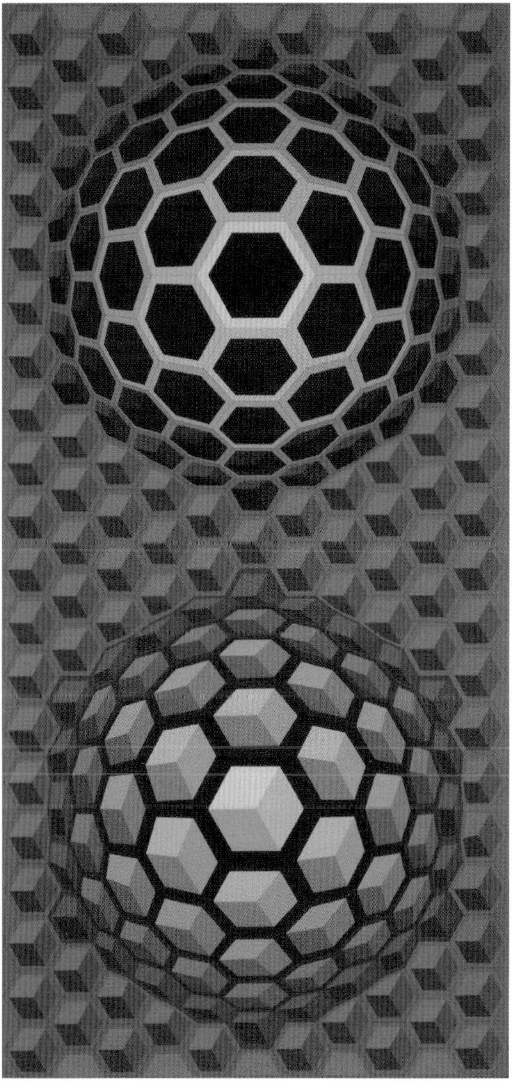

Peer Rouge, 1977
Acrylique sur toile, 207 x 102 cm
Budapest, Musée Vasarely

L'œuvre authentique est une projection dans le futur, incompatible avec un succès public dans le présent. Les artistes pullulent, les créateurs sont rarissimes ; l'énorme écart entre les deux se nomment authenticité qu'il ne faut pas confondre avec personnalité.

An authentic work is a projection into the future, incompatible with success in the present. Artists abound; creators are rare. The huge disparity between the two signifies "authenticity", which shouldn't be confused with "personality".

Vasarely (Jean-Louis Ferrier, entretiens avec Victor Vasarely), 1969, p. 140.

Niels B, 1977
Acrylique sur toile, 200,5 x 200,5 cm
Collection particulière

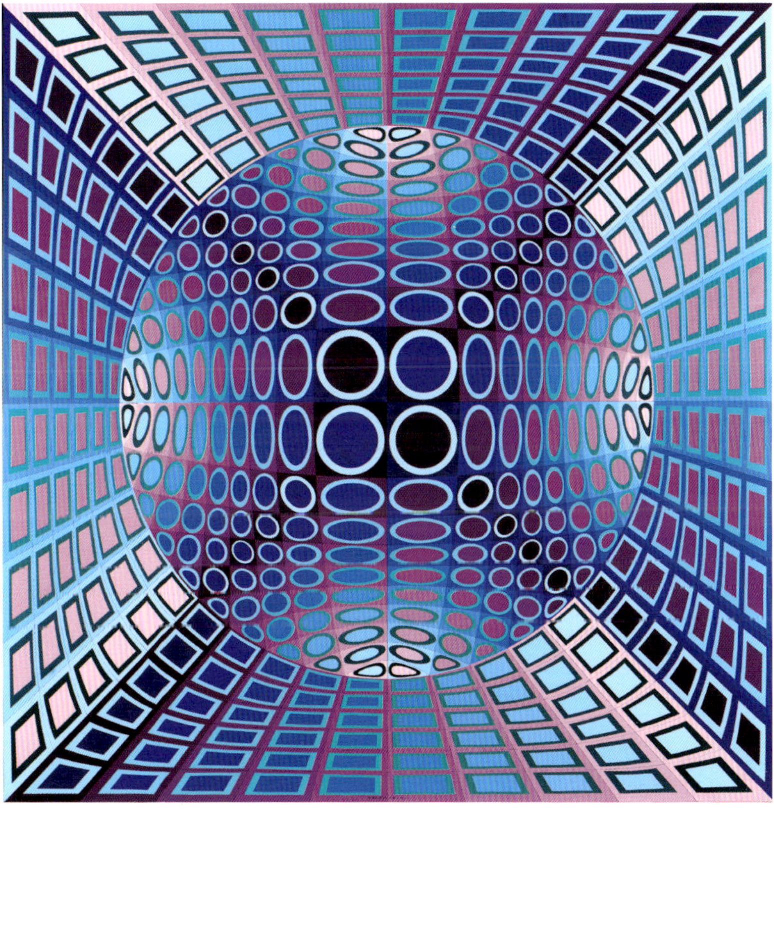

À la question : pour quel homme ? ma réponse est simple : pour l'homme tout court sans aucune distinction. Vendant très cher aux uns, donnant simplement aux autres, je crois participer à l'avènement d'un humanisme débarrassé enfin de son égocentrisme ancestral.

To the question "For whom?", my answer's simple: for everyone, without distinction. By selling work at a high price to some, and giving it free to others, I believe I'm participating in the emergence of a humanism emancipated from its ancestral egocentrism.

Vasarely (Jean-Louis Ferrier, entretiens avec Victor Vasarely), 1969, p. 129.

Dirac, 1978
Acrylique sur toile, 200 x 200 cm
Budapest, Musée Vasarely

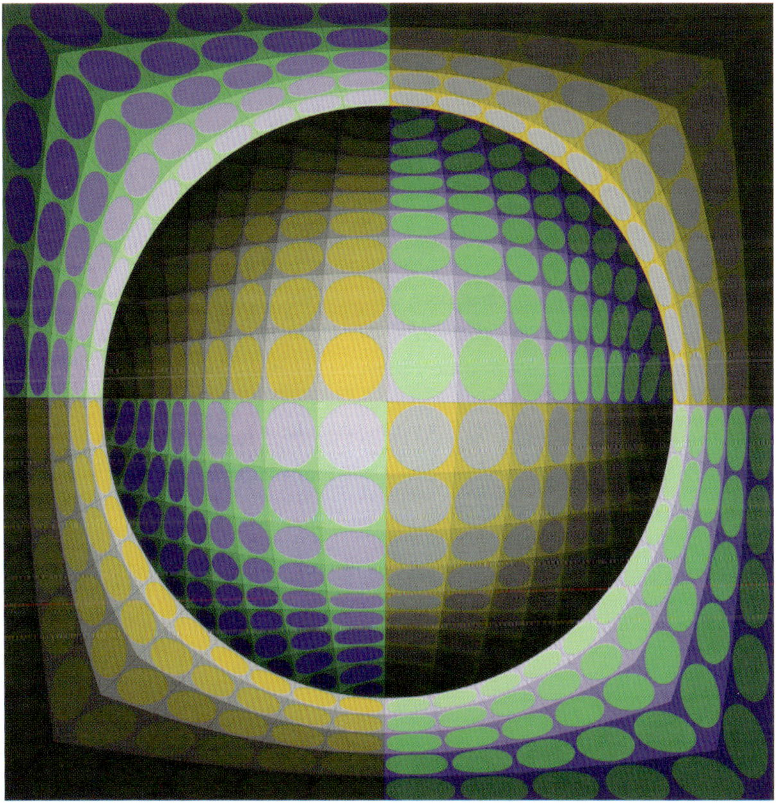

Quant aux paroles, il vaut cent fois mieux qu'un spécialiste lise, avec la diction qui convient, des extraits tirés des écrits d'artiste. L'essentiel en peu de phrases.

As for words, a specialist would do a hundred times better to read extracts from artists' writings, with appropriate diction: the essence, in a few sentences.

Victor Vasarely, *Notes Brutes*, 1972, p. 164.

FF-neg, 1972-85
Acrylique sur toile, 200 x 118 cm
Collection particulière

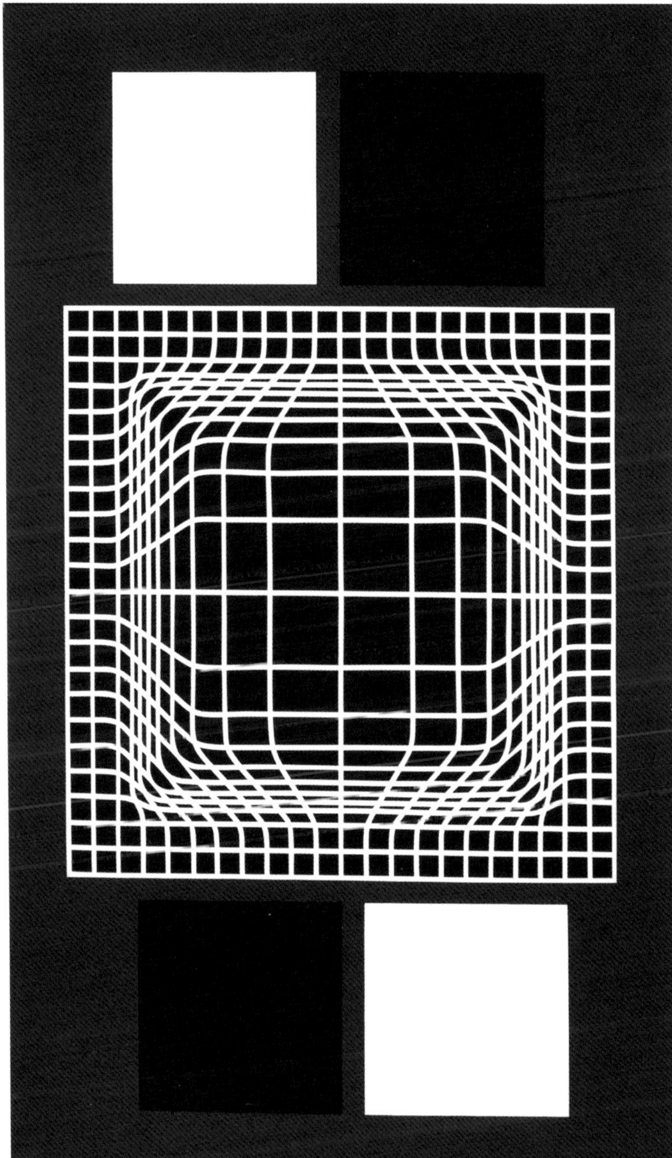

Győző Vásárhelyi, dit Victor Vasarely est né à Pécs (Hongrie) le 9 avril 1906 et décédé à Paris le 15 mars 1997.

Victor Vasarely was born on 9 April 1906 in Pécs (Hungary). He died on 15 March 1997 in Paris.

« A l'occasion du 110e anniversaire de la naissance de mon grand-père, je suis très ému et très heureux à la fois de faire redécouvrir quelques-unes de ses citations majeures. »

"On the 110th anniversary of my grandfather's birth, I'm delighted to see the publication of these quotations from his writings."

Pierre Vasarely
président de la Fondation Vasarely

Bibliographie sélective / Bibliography
Victor Vasarely, *Notes Brutes*, Denoël, Paris, 1972.
Vasarely (Jean-Louis Ferrier, entretiens avec Victor Vasarely), Belfond, Paris, 1969.

Translation: John Doherty
Conception graphique / Graphics : Sébastien Lecoultre (Villeurbanne)
Impression : Alpha (Peaugres) / Façonnage : Afinition (Saint-Alban)
Achevé d'imprimer en janvier 2019 / © Fage editions, Lyon, 2016
Dépôt legal mai 2016 / ISBN 978 2 84975 413 9